Filosofia para crianças

De criança para crianças

Era uma vez!

A importancia do papai!

História para colorir!

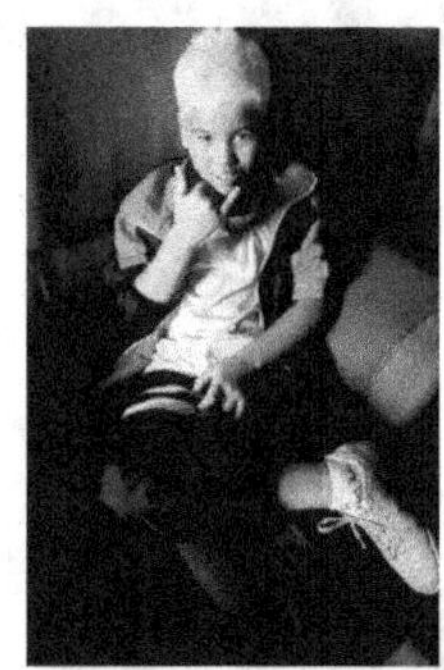

Por: Bernardo Octaviano Pereira

Este livro pertence a:

____

Eu dedico essa obra, primeiramente para os meus pais que eu tanto amo, para minhas professoras, para minhas tias de coração e para todos os meus amigos, Deus que abençoe a todos infinitamente!

Bernardo Octaviano Pereira

28/03/2024

Era uma uma vez, em uma pequena comunidade rural, não muito longe daqui, um pai e seu filho caminhavam juntos pelas trilhas da vida.

O pai, com sabedoria acumulada ao longo dos anos, aconselhou seu filho:

Preste atenção onde você pisa, meu filho. Cada passo que você dá pode moldar o seu caminho.

O filho, olhando para o pai com admiração, respondeu com um sorriso nos lábios:

• **_Eu presto atenção nos seus passos, pai. Porque são os seus passos que eu escolho seguir._**

Essas simples palavras capturaram a essência do vínculo especial entre pai e filho. O filho reconhecia o exemplo inspirador de seu pai e a importância de aprender com suas experiências e conselhos.

Ele entendia que, ao seguir os passos de seu pai, estava trilhando um caminho de sabedoria, amor e respeito.

O pai, por sua vez, sentiu seu coração aquecido pela resposta do filho. Ele sabia que suas ações e palavras tinham um impacto profundo no desenvolvimento e no caráter do filho.

Com gratidão no coração, o pai continuou a guiar seu filho com amor e orientação,

sabendo que, juntos, poderiam enfrentar qualquer desafio que a vida lhes apresentasse.

E assim, pai e filho continuaram sua jornada, lado a lado, confiantes de que, com amor,

cuidado e atenção mútua, poderiam superar qualquer obstáculo e alcançar grandes alturas juntos.

Pois, no final das contas, a união e a confiança entre eles eram a base de seu sucesso e felicidade.

Fim